Cuisine

MW01705954

Cuisine légère

en toutes occasions

VALÉRIE BESTEL

SOLAR

Sommaire

Légendes des symboles

- Temps de préparation
- Temps de cuisson
- * Très facile
- ** Facile
- *** Plus difficile

Introduction

Réaliser de délicieux petits plats à déguster en tête à tête, faire à manger au quotidien pour sa famille ou encore préparer un repas pour une grande tablée lorsqu'on accueille ses amis... les occasions varient, mais l'envie de se régaler, de faire plaisir sans passer des heures en cuisine, elle, reste toujours la même.

C'est pourquoi cet ouvrage vous propose plus de 40 recettes à réaliser selon les circonstances de la vie. Classées en trois parties, les recettes se déclinent pour deux, pour quatre ou pour huit personnes. Elles sont simples, rapides à préparer, mais toujours gourmandes. Chacune est accompagnée d'une très belle photo pour vous mettre en appétit et vous inviter à composer de délicieux menus.

Parce que vous souhaitez que les gens que vous aimez aient une alimentation équilibrée, mais parce que vous refusez de leur offrir une cuisine austère, les recettes de ce livre vous aideront à préparer en toutes occasions des repas qui feront le régal de tous, petits et grands, sans excès !

Alors, à table...

En toutes occasions

On ne cuisine pas de la même façon lorsqu'on est deux, quatre ou huit à table : ce n'est pas seulement une question de quantité, c'est aussi une question de qualité, de choix des ingrédients et de complexité de la préparation. Vous ne cuisinerez pas une blanquette de veau ou un gigot d'agneau pour un dîner en tête à tête et vous ne prévoirez pas de homards pour quinze personnes. Que vous cuisiniez pour deux, que vous prépariez le repas pour toute la famille ou encore que vous aimiez recevoir tous vos amis, cet ouvrage vous livre des recettes légères pour tous les goûts et toutes les occasions. Une cuisine qui s'adresse simplement à tous ceux qui ont envie d'être en forme au quotidien, alliant des plats sains et légers aux plaisirs de la table.

n tête à tête

(recettes pour deux)

repas en tête à tête permet de tager un instant unique en se alant d'une cuisine légère et inée. Ce livre vous propose des ettes élégantes qui se dégus- les yeux dans les yeux. C'est casion de s'autoriser quelques édients chics et un peu plus rs et de soigner la présen- on. Laissez-vous tenter par crustacés, par les meilleurs ceaux de viande, les épices taines, les desserts subtils… ant de tentations à partager en ureux, sans résister, puisque es les recettes que nous vous posons ici sont diététiques.

En famille

(recettes pour quatre)

Les mères de famille sont souvent confrontées à une organisation difficile. Mais ce n'est pas parce que l'on rentre d'une journée de travail que l'on doit nécessairement se contenter de produits tout prêts ! Pour vous simplifier la vie au quotidien, cet ouvrage propose des repas délicieux et sains, avec quelques produits simples et peu chers, faciles et rapides à réaliser, qui répondront aux besoins et aux désirs des petits et des grands.

Entre copains

(recettes pour huit)

Réunir des invités autour de sa table est toujours un moment de convivialité qui associe le plaisir de partager des mets cuisinés avec talent et le plaisir d'être entre amis. Pas question toutefois de s'engager dans des plats lourds ou très caloriques, qui réduiront à néant vos efforts quotidiens. En dégustant une choucroute de la mer ou un bourguignon aux épices douces, vos invités se régaleront et apprécieront également de rentrer chez eux d'un pas léger.

Des produits de qualité

Contrairement à ce que l'on pourrait penser, il n'y a aucun produit interdit dans la cuisine légère. Tout est plutôt question de quantité et de qualité, et le chocolat trouve aussi bien sa place que le blanc de poulet.

Les légumes et fruits

Riches en eau, ils contiennent naturellement peu de calories et représentent pour cette raison une part importante de la cuisine légère. Ne boudez pas les plus sucrés comme l'oignon, les petits pois, les pommes de terre, le raisin ou la banane, parfois diabolisés par certains régimes trop restrictifs. Leur valeur énergétique reste en réalité modeste, et comme ils sont très satisfaisants sur le plan gustatif, ils évitent les frustrations qui conduisent inévitablement à se jeter sur le premier paquet de biscuits qui passe. Préférez les fruits et légumes de saison, plus savoureux et mieux pourvus en vitamines. Cependant, n'hésitez pas à consommer des surgelés, voire des conserves. Tout aussi riches en bienfaits, ils permettent encore plus de variété dans les menus, notamment en hiver, et raccourcissent le temps de préparation.

Et dans les verres ?

La seule boisson indispensable à notre santé est l'eau ! Pas de boissons sucrées à table, ni même de lait pour les enfants, ce dernier étant à considérer comme un aliment. L'eau du robinet peut facilement être rafraîchie et parfumée avec quelques feuilles de menthe froissées, un filet de jus de citron. Un verre de vin (12 cl) apporte environ 85 calories, soit autant qu'un fruit. Mieux vaut le boire en très petite quantité mais choisir une bonne bouteille. Certains thés, au jasmin ou fumé, sont très agréables pendant les repas, notamment avec les poissons et les recettes exotiques.

Les viandes et poissons

Les produits de la mer ont l'avantage d'être dans l'ensemble peu gras, notamment les poissons blancs (cabillaud, lieu, colin, merlan...) et les crustacés. Les poissons bleus comme le saumon, le maquereau ou les sardines sont légèrement plus caloriques, mais ils apportent de bonnes graisses, les fameux oméga 3 qui préservent le système cardio-vasculaire.

En ce qui concerne les viandes, sachez qu'il existe des morceaux maigres dans chaque espèce. Privilégiez, par exemple, le filet mignon, le rôti dans le filet, le jambon blanc et les côtes dégraissées dans le porc. Le bœuf offre de bons steaks maigres, du filet et du faux-filet, ou encore du paleron pour les plats mijotés. Pour les volailles, il suffit tout simplement de ne pas consommer la peau. Même chose pour le magret de canard qu'on peut apprécier sans remords, à condition d'éliminer après cuisson l'épaisse couche de gras qui le recouvre.

Les laitages

Yaourts et fromages blancs nature apportent au quotidien une quantité indispensable de calcium. Inutile de les choisir à 0 % de matière grasse : leur goût aigrelet n'est pas toujours agréable, et la différence en terme de calories est parfois minime. Le fromage blanc à 20 % de matière grasse offre un bon équilibre entre saveur et calories. Attention en revanche à certaines spécialités laitières qui cachent sous une grande onctuosité une teneur élevée en graisses. Au pays du fromage, difficile de se passer de camembert ou de comté ! Mais après une recette copieuse à base de viande, le fromage est généralement de trop. Pour un meilleur équilibre alimentaire, faites-lui plutôt jouer le premier rôle dans le plat principal, par exemple dans un gratin de légumes ou une salade complète.

Nouveau calcul

Sur les fromages, le taux de matière grasse doit désormais être exprimé en pourcentage du produit fini et donner ainsi une valeur réaliste et facilement compréhensible. Autrefois étiqueté à 45 % de matière grasse sur l'extrait sec (c'est-à-dire le fromage débarrassé de son eau), le camembert n'affiche plus aujourd'hui que 22 % sur son poids total. C'est déjà mieux !

Les matières grasses

Il n'en faut ni trop ni trop peu. Les nutritionnistes recommandent de consommer environ 15 g de beurre et 2 cuillerées à soupe d'huile par jour. Supprimer totalement les matières grasses serait une grave erreur, car elles participent à des fonctions vitales de l'organisme. Utilisez le beurre cru, en assaisonnement des légumes et des féculents ou sur les tartines du petit déjeuner. N'oubliez pas de varier les huiles, celles d'olive, de colza ou de noix étant particulièrement bénéfiques pour la santé. Les matières grasses à limiter sont présentes essentiellement dans les plats cuisinés du commerce, dans les biscuits et pâtisseries, dans les charcuteries. Les matières grasses allégées sont

Vrai ou faux sucre ?

Les édulcorants sont assez pratiques pour préparer de bons desserts en réduisant vraiment le nombre de calories. Certains supportent même la cuisson et peuvent servir à préparer des crèmes et des gâteaux. Si vous leur trouvez un léger arrière-goût, utilisez-les en association avec du vrai sucre, pour moitié. Par précaution,évitez-les dans les desserts pour enfants. Mieux vaut leur apprendre dès leur plus jeune âge à manger moins sucré, le palais s'éduquant assez facilement.

À la découverte de nouvelles saveurs

Pour changer un peu d'accompagnement, préparez, par exemple, de la polenta, spécialité italienne à base de semoule de maïs. Faites connaissance avec la kasha, qui n'est autre que du sarrasin grillé (dans les boutiques de produits diététiques). Son petit goût de noisette plaît beaucoup, et elle se prépare en 15 minutes. Dans les épiceries exotiques, dénichez des lentilles corail : leur saveur douce et leur jolie couleur enchantent les enfants. Elles cuisent en un clin d'œil.

intéressantes à condition de ne pas les utiliser en plus grande quantité que les matières grasses ordinaires. Additionnées d'eau, elles enrobent bien les aliments, mieux que ne le ferait du vrai beurre. Les préparations pour tartiner sont très souples, ce qui permet de les étaler en couche fine sur le pain. Attention toutefois à ne pas choisir un produit exagérément allégé, qui risque d'être vraiment trop fade.

Les féculents

Voilà tout un groupe d'aliments à regarder d'un œil neuf !
Accusés à tort de faire grossir, ils sont aujourd'hui réhabilités par les professionnels de la santé. Riz, pain et pâtes font désormais partie de nos amis. Leur principal intérêt est d'apporter des sucres lents qui assurent une énergie de longue durée sans provoquer de fringales. Intégrez-les à vos repas en quantité raisonnable, à raison de 200 g de produit cuit. Associez-les à un légume et surveillez leur assaisonnement et leur mode de préparation. Préférez les pommes vapeur aux frites. Préparez des spaghetti à la sauce tomate plutôt qu'à la carbonara. Offrez-vous de temps à autre une bonne pizza, sans trop de fromage. N'oubliez pas non plus les légumes secs, en salade ou en soupe, pas en cassoulet !

Nage de coquillages au thym

25 min
+ 1 h de trempage
20 min ✶✶

500 g de moules
1 l de coques
12 praires
1 carotte
2 échalotes
1 côte de céleri
3 brins de thym frais
1 bande de zeste de citron de 6 cm de long
20 g de beurre
15 cl de vin blanc sec
1 cuil. à soupe de gros sel
Sel, poivre

- Plongez les coques dans un saladier d'eau très froide additionnée de gros sel et laissez-les dégorger 1 heure.
- Grattez la peau blanche amère sur l'envers du zeste de citron et émincez-le.
- Rincez les praires, mettez-les dans une casserole et faites-les ouvrir à feu vif. Laissez-les tiédir et décoquillez-les.
- Grattez et nettoyez les moules. Égouttez et rincez soigneusement les coques. Mettez ces coquillages dans une casserole, couvrez-les et faites-les ouvrir environ 5 minutes à feu vif. Décoquillez-les et filtrez le jus à travers une passoire fine.
- Pelez les échalotes et la carotte, rincez le céleri. Hachez ces légumes. Dans une casserole, faites-les fondre 5 minutes dans le beurre chaud. Ajoutez le vin, le thym effeuillé, le zeste de citron, le jus des coquillages et 15 cl d'eau. Salez légèrement et poivrez. Laissez frémir 5 minutes.
- Ajoutez les moules, les coques et les praires dans la nage et réchauffez-les 30 secondes. Versez dans des assiettes creuses chaudes et servez sans attendre.

Crostini de tomates à la tapenade

10 min
2 min ✶✶

2 grandes tranches de pain de campagne au levain (150 g)
3 tomates mûres
1 gousse d'ail
1 brin de basilic
1 cuil. à soupe d'huile d'olive
1 cuil. à soupe de tapenade noire
Sel, poivre

• Dans un grille-pain, faites rapidement dorer les tranches de pain. Coupez une tomate en deux et frottez-en longuement les tranches de pain jusqu'à ce que la surface soit rouge et bien imprégnée de pulpe.
• Plongez les autres tomates 10 secondes dans de l'eau bouillante. Pelez-les, épépinez-les et coupez-les en dés. Rincez et séchez le basilic. Effeuillez-le.
• Pelez et dégermez l'ail. Pressez-le au-dessus d'un bol. Ajoutez les dés de tomate, l'huile d'olive, la tapenade et le basilic. Salez légèrement et poivrez. Mélangez bien, puis répartissez sur les crostini. Posez sur des assiettes et servez aussitôt.

Salade d' herbes à l'œuf cassé

20 min
10 min ✶

80 g de salades mélangées (roquette, mâche, pousses d'épinard, cœur de frisée, rougette...)
1 petit bouquet de cerfeuil, ciboulette, estragon et persil plat
2 gros œufs extra-frais
1 cuil. à soupe de pignons de pin
2 cuil. à soupe de vinaigre blanc
1 cuil. à soupe de vinaigre de vin rouge
2 cuil. à soupe d'huile d'olive
Sel, poivre

• Dans une petite casserole, portez à ébullition 30 cl d'eau avec le vinaigre blanc. Réglez le feu pour obtenir un léger frémissement.

• Cassez un œuf dans une tasse et faites-le glisser dans l'eau frémissante d'un mouvement rapide. Laissez-le cuire 4 à 5 minutes, jusqu'à ce qu'il remonte à la surface. Égouttez-le. Faites cuire le deuxième œuf de la même façon.

• Rincez et essorez séparément les salades et les herbes. Effeuillez en petits bouquets le persil, l'estragon et le cerfeuil. Dans une petite poêle antiadhésive, faites dorer les pignons sans ajouter de matière grasse.

• Dans un bol, mélangez le vinaigre de vin avec du sel et du poivre. Ajoutez l'huile et remuez légèrement.

• Répartissez les salades et les herbes sur les assiettes. Déposez les œufs dessus et cassez-les pour laisser couler le jaune. Versez la sauce en filet, parsemez de pignons et servez immédiatement.

Tartare de fenouil et jambon cru

15 min ✱✱

1 tranche épaisse de jambon de Parme (100 g)
2 bulbes de fenouil
1 oignon nouveau
10 brins de ciboulette
1 cuil. à café de zeste de citron râpé
2 cuil. à soupe d'huile d'olive au citron
Fines herbes pour décorer
Sel, poivre

- Nettoyez l'oignon et hachez-le. Rincez et séchez la ciboulette, coupez-la finement avec des ciseaux.
- Nettoyez les bulbes de fenouil et éliminez les parties coriaces ou abîmées. Coupez les bulbes en très petits dés. Supprimez tout le gras visible du jambon de Parme et taillez-le également en dés.
- Dans un petit saladier, mélangez l'huile d'olive au citron, le zeste de citron, la ciboulette, l'oignon, les dés de fenouil, du sel et du poivre. Ajoutez les dés de jambon et mélangez de nouveau.
- Moulez le tartare en petit dôme sur des assiettes. Décorez de fines herbes et servez frais.

Petits légumes croquants, sauce crémeuse à l'avocat

15 min
+ 2 h de réfrigération ✶

10 radis
8 tomates-cerises
1 carotte
1 petite courgette
1 avocat
Le jus de 1/2 citron vert
1 gousse d'ail
2 cuil. à soupe de fromage blanc à 0 % de matière grasse
2 pincées de coriandre moulue
Tabasco
Sel, poivre

• Grattez les radis et incisez l'extrémité en croix sur 2 à 3 cm de long. Pelez la carotte, rincez la courgette et coupez-les toutes deux en bâtonnets.

• Versez 2 l d'eau très froide dans un saladier et ajoutez une vingtaine de glaçons. Plongez-y tous les légumes préparés et réservez-les 2 heures au réfrigérateur.

• Pelez l'ail, dégermez-le et pressez-le au-dessus d'un bol. Ouvrez l'avocat en deux et prélevez la chair. Écrasez-la à la fourchette dans le bol. Ajoutez le jus de citron, le fromage blanc, la coriandre moulue, quelques gouttes de Tabasco, du sel et du poivre. Couvrez et réservez au frais.

• Versez la sauce dans une jolie coupe, entourez des légumes bien égouttés et des tomates-cerises.

Sauté de canard aigre-doux aux pois gourmands

20 min
10 min ✱✱

1 gros magret de canard
230 g de pois gourmands
1 poignée de pousses de soja
1 échalote
3 cm de gingembre frais
1 gousse d'ail
3 brins de coriandre
2 cuil. à soupe de vinaigre de Xérès
1 cuil. à soupe de miel
2 cuil. à soupe d'huile
Sel, poivre

• Rincez et séchez les pois gourmands. Effilez-les. Effeuillez la coriandre. Pelez l'ail, dégermez-le et hachez-le. Épluchez le gingembre et l'échalote et émincez-les. Plongez les pousses de soja 30 secondes dans de l'eau bouillante. Égouttez-les et séchez-les dans du papier absorbant.

• Dans un wok (ou une sauteuse antiadhésive), faites chauffer 1 cuillerée à soupe d'huile. Faites-y sauter ensemble les pois gourmands, le gingembre, l'échalote et l'ail pendant 2 minutes à feu vif.

• Ajoutez les pousses de soja, du sel et du poivre ; faites sauter encore 1 minute. Réservez sur une assiette et essuyez le wok.

• Retirez l'épaisse couche de gras du magret. Coupez-le en tranches de 5 mm d'épaisseur. Salez, poivrez. Faites chauffer le reste d'huile dans le wok et faites-y sauter les tranches de magret pendant 1 minute. Versez le miel et le vinaigre. Mélangez bien, ajoutez les légumes et la coriandre effeuillée, mélangez une dernière fois et servez chaud.

Curry de crevettes comme à Madras

25 min
25 min ✶✶

600 g de grosses crevettes crues surgelées
1 poivron rouge et 1 vert
2 tomates
2 oignons
2 gousses d'ail
1 brin de basilic
1 feuille de laurier
20 g de beurre
1 cuil. à soupe rase de curry de Madras
10 cl de bouillon de légumes
20 g de noix de cajou
Sel, poivre

Pour le mélange d'épices

2 petits piments rouges secs
1 cuil. à soupe de graines de coriandre
1 cuil. à café de graines de cumin
1 cuil. à café de graines de moutarde
1 cuil. à café de curcuma en poudre
1 cuil. à café de gingembre en poudre
10 grains de poivre
1 clou de girofle

- Faites décongeler les crevettes. Décortiquez-les en gardant l'éventail de la queue.
- Préparez le mélange d'épices : dans une petite poêle, faites griller à sec toutes les épices sauf le curcuma et le gingembre, jusqu'à ce qu'une bonne odeur s'en dégage. Laissez-les refroidir, puis ajoutez le curcuma et le gingembre. Passez le tout au moulin à poivre.
- Rincez et séchez les poivrons. Coupez-les en deux ; retirez les graines et les cloisons blanches. Coupez la chair en lanières. Pelez et hachez les oignons et l'ail. Plongez les tomates 10 secondes dans de l'eau bouillante. Pelez-les, épépinez-les et coupez-les en dés. Rincez et essorez le basilic. Hachez-le.
- Dans une sauteuse antiadhésive, faites fondre le beurre. Dès qu'il mousse, ajoutez le mélange d'oignon et d'ail, et faites-le revenir 5 minutes. Saupoudrez avec 1 cuillerée à soupe d'épices et remuez pendant 1 minute sur feu vif.
- Ajoutez les poivrons, les tomates, les noix de cajou, le laurier, le curry, le bouillon, du sel et du poivre. Laissez mijoter 10 minutes. Glissez les crevettes au milieu de la sauce et poursuivez la cuisson 5 minutes. Parsemez avec le basilic haché au moment de servir.

Cailles au cidre et aux pommes reinettes

20 min
30 min ✶✶

2 cailles
3 pommes reinettes
15 g de beurre
2 feuilles de sauge
15 cl de cidre brut
2 cuil. à soupe de calvados
1 cuil. à café de fond de veau déshydraté
1 cuil. à soupe d'huile
Sel, poivre

• Avec un couteau économe, épluchez les pommes en enlevant une lanière de peau sur deux, de façon à obtenir des rayures. Coupez-les en six quartiers et épépinez-les.

• Salez et poivrez les cailles à l'intérieur et à l'extérieur. Dans une sauteuse antiadhésive, faites chauffer l'huile et le beurre. Mettez-y les cailles à dorer sur toutes leurs faces. Ajoutez les pommes en plaçant les quartiers à plat contre le fond. Laissez dorer 2 minutes.

• Chauffez le calvados dans une louche ou une petite casserole. Versez-le sur les cailles et flambez.

• Délayez le fond de veau dans le cidre. Versez dans la sauteuse et ajoutez les feuilles de sauge. Laissez bouillir 2 minutes, puis couvrez. Laissez mijoter environ 20 minutes à feu doux. Testez la cuisson des cailles en piquant la face interne d'une cuisse avec une brochette : le jus qui s'écoule doit être clair. S'il est rosé, poursuivez la cuisson 5 minutes.

• Présentez les cailles sur des assiettes, entourées de pommes. Nappez avec le jus de cuisson.

Paupiettes de choux au genièvre

25 min
25 min ✶✶

200 g de blanc de poulet
100 g de chair à saucisse
1 cœur de chou vert
2 brins de persil
1 oignon
1 gousse d'ail
1 cuil. à soupe de baies de genièvre
10 cl de bouillon de volaille
1 cuil. à soupe d'huile
20 g de beurre
Sel, poivre

• Détachez 6 belles feuilles du cœur de chou. Plongez-les dans une casserole d'eau bouillante pendant 3 minutes pour les assouplir. Égouttez-les et séchez-les dans du papier absorbant. Au besoin, affinez les côtes centrales dans l'épaisseur, à l'aide d'un petit couteau.

• Hachez le blanc de poulet. Rincez et séchez le persil. Hachez-le. Concassez les baies de genièvre dans un mortier. Pelez l'ail, dégermez-le et pressez-le.

• Pelez et hachez l'oignon. Dans une sauteuse, faites-le revenir dans l'huile chaude. Mettez-le dans un saladier et ajoutez le blanc de poulet haché, la chair à saucisse, l'ail pressé, la moitié des baies de genièvre, le persil, du sel et du poivre.

• Divisez la préparation en 6 portions et formez des boulettes légèrement aplaties. Enveloppez-les soigneusement dans les feuilles de chou ébouillantées et ficelez-les en croix avec du fil de cuisine.

• Émincez le reste du chou. Dans une sauteuse, faites fondre le chou émincé 5 minutes dans le beurre. Ajoutez les paupiettes, le reste du genièvre et le bouillon de volaille. Salez peu et poivrez. Couvrez et laissez mijoter 15 minutes.

Filets de lapin à l'estragon

20 min
20 min ✶

2 râbles de lapin
100 g de petits champignons de Paris
2 échalotes
1 brin d'estragon
10 cl de crème liquide légère
25 g de beurre
60 g de polenta précuite
10 cl de vin blanc sec
1 cuil. à soupe + 1 cuil. à café d'huile
Noix muscade
Sel, poivre

• Nettoyez les champignons et coupez le bout terreux des pieds. Pelez et hachez les échalotes.
• Avec un couteau pointu, détachez les filets de chair placés de part et d'autre de l'os central des râbles. Salez-les, poivrez-les. Dans une sauteuse antiadhésive, chauffez 1 cuillerée à soupe d'huile et 10 g de beurre ; faites-y dorer les filets de lapin 5 minutes avec les échalotes.
• Rincez et séchez l'estragon. Effeuillez-le au-dessus de la sauteuse. Ajoutez la crème, les champignons et le vin. Parfumez avec 1 ou 2 pincées de noix muscade râpée. Couvrez aux trois quarts et laissez mijoter 15 minutes.
• Dans une casserole, portez à ébullition 25 cl d'eau salée. Versez la polenta en pluie et faites cuire 5 minutes à feu moyen en remuant sans cesse. Incorporez le reste du beurre. Étalez la polenta dans un grand plat huilé sur 2 cm d'épaisseur. Laissez-la tiédir quelques instants et coupez-la en carrés.
• Répartissez les filets de lapin sur des assiettes, ajoutez les carrés de polenta et entourez d'un cordon de sauce à l'estragon.

Poêlée de cerises au beurre demi-sel

5 min
5 min ✶

250 g de griottes surgelées
Le zeste de 1 citron non traité
15 g de beurre demi-sel
2 boules de sorbet au citron
1 cuil. à soupe de kirsch
1 sachet de sucre vanillé

• Rincez et séchez le citron. Prélevez son zeste avec un couteau économe. Grattez la peau blanche amère sur l'envers, puis émincez-le en filaments très fins. Plongez ceux-ci 1 minute dans de l'eau bouillante. Égouttez-les.

• Dans une petite poêle antiadhésive, faites chauffer le beurre jusqu'à ce qu'il mousse. Ajoutez les griottes encore gelées et saupoudrez-les aussitôt de sucre vanillé. Faites cuire à feu vif en remuant souvent avec une cuillère en bois.

• Dès que le sucre et le jus rendu par les griottes forment un sirop épais et commencent à caraméliser, arrosez avec le kirsch. Secouez bien la poêle pour dissoudre les sucs de cuisson.

• Répartissez les cerises et leur jus sur des assiettes. Déposez les boules de sorbet et décorez avec les zestes de citron. Servez immédiatement.

Gratin d'abricots à l'amande amère

20 min
10 min ✶✶

6 gros abricots
2 jaunes d'œufs
10 cl de jus d'orange fraîchement pressé et filtré
Extrait d'amande amère
1 cuil. à soupe d'amandes effilées
30 g de sucre en poudre

• Préchauffez le gril du four. Rincez et séchez les abricots. Coupez-les en deux et dénoyautez-les. Recoupez chaque oreillon en 3 quartiers épais. Rangez les quartiers d'abricots debout dans 2 petits plats à gratin individuels.

• Préparez le sabayon. Mettez les jaunes d'œufs dans un saladier supportant la chaleur. Ajoutez les 10 cl de jus d'orange, le sucre en poudre et quelques gouttes d'extrait d'amande amère. Mélangez et laissez reposer 1 minute.

• Placez le saladier dans un bain-marie rempli d'eau frémissante sur feu doux. Fouettez la préparation avec un batteur électrique jusqu'à ce qu'elle mousse et double de volume.

• Répartissez le sabayon sur les quartiers d'abricots. Parsemez d'amandes effilées et glissez les plats sous le gril du four, assez près de la résistance. Laissez gratiner quelques minutes. Servez aussitôt.

Millefeuille de framboises à la rose

15 min
5 min ✱✱

200 g de framboises
80 g de ricotta
20 g de beurre
3 feuilles de brick
1 cuil. à soupe d'édulcorant en poudre
1 cuil. à café d'eau de rose
1 cuil. à café de sucre glace

• Préchauffez le four à 190 °C (th. 5-6).
Coupez 4 rectangles égaux dans chaque feuille de brick. Faites fondre le beurre à feu doux et badigeonnez-en les rectangles de brick au pinceau. Posez-les sur la plaque du four et laissez-les cuire jusqu'à ce qu'ils commencent à dorer (5 minutes environ).

• Mettez la ricotta dans un bol et battez-la avec l'édulcorant et l'eau de rose.

• Sur chaque assiette à dessert, superposez 3 rectangles de brick et déposez délicatement dessus 2 cuillerées à soupe de ricotta. Garnissez de framboises, puis étalez délicatement dessus un peu de ricotta. Recouvrez avec 3 rectangles de brick.

• Éparpillez les framboises restantes sur les assiettes. Saupoudrez les millefeuilles de sucre glace et servez sans attendre.

Crème de maïs à l'américaine

15 min
15 min ✶✶

1 boîte de maïs en conserve (400 g)
2 oignons
1 bouquet garni
15 cl de lait écrémé
2 cuil. à soupe de crème épaisse à 35 % de matière grasse
20 g de beurre
1/2 cube de concentré de bouillon de volaille
1 cuil. à soupe de farine
Sel, poivre

- Pelez et hachez les oignons. Dans une sauteuse, faites-les fondre 5 minutes dans le beurre chaud. Saupoudrez la farine et remuez pendant 1 minute. Incorporez progressivement le lait en remuant.
- Ouvrez la boîte de maïs. Sans l'égoutter, versez son contenu dans la sauteuse. Ajoutez le cube de bouillon émietté et le bouquet garni. Salez peu et poivrez. Laissez cuire 10 minutes à feu doux.
- Jetez le bouquet garni. Prélevez une petite louche de grains de maïs et réservez. Mixez finement le reste de la soupe. Remettez les grains de maïs et ajoutez la crème. Réchauffez rapidement. Répartissez dans des assiettes creuses et servez chaud.

Bruschetta au chèvre et aux poivrons

20 min
25 min ✶

150 g de chèvre frais
4 grandes tranches de pain de campagne au levain
2 poivrons rouges
1 poivron jaune
1 brin de romarin
2 cuil. à soupe d'huile d'olive
Sel, poivre

• Glissez les poivrons sous le gril du four, près de la résistance, et faites-les griller en les retournant régulièrement jusqu'à ce que leur peau noircisse et se boursoufle (15 minutes environ). Enfermez-les dans un sac en plastique et laissez-les suer 10 minutes.
• Sortez les poivrons du sac. Pelez-les en retirant les lambeaux de peau du bout des doigts. Éliminez la queue et les graines. Coupez la chair en larges lanières. Effeuillez le romarin et hachez-le.
• Faites griller légèrement les tranches de pain dans un grille-pain. Tartinez-les généreusement avec le fromage de chèvre frais. Disposez dessus des lanières de poivron en alternant les couleurs.
• Salez et poivrez légèrement les bruchetta. Parsemez-les de romarin et arrosez-les d'huile d'olive. Passez-les 1 minute sous le gril du four et servez chaud.

Salade de lentilles

15 min
30 min ✶

200 g de lentilles vertes du Puy
2 oignons nouveaux
1 oignon
1 carotte
1 bouquet garni
4 brins de persil plat
2 clous de girofle
2 cuil. à soupe de vinaigre balsamique
2 cuil. à soupe d'huile d'olive
Sel, poivre

• Pelez la carotte. Coupez-la en dés. Épluchez l'oignon et piquez-le des deux clous de girofle.
• Mettez les lentilles dans une casserole de taille moyenne. Couvrez généreusement d'eau froide non salée. Portez lentement à ébullition. Ajoutez les dés de carotte, l'oignon piqué des clous de girofle et le bouquet garni. Couvrez et laissez cuire 20 minutes. Salez et poivrez. Poursuivez la cuisson environ 10 minutes, jusqu'à ce que les lentilles soient tendres.
• Pendant ce temps, rincez et essorez le persil. Hachez-le. Nettoyez les oignons nouveaux et émincez-les. Dans un saladier, mélangez l'huile, le vinaigre, du sel et du poivre.
• Égouttez les lentilles. Jetez le bouquet garni et l'oignon. Ajoutez les lentilles dans le saladier et mélangez. Parsemez d'oignon nouveau et de persil. Servez tiède.

Crêpes aux champignons des bois

20 min
+ 1 h de réfrigération
25 min ✶✶

Pour la pâte à crêpes
2 œufs
20 cl de lait écrémé
80 g de farine
Sel
Pour la garniture
450 g de champignons des bois mélangés
1 gousse d'ail hachée
2 brins de persil plat haché
25 cl de lait écrémé
45 g de beurre allégé
25 g de farine
Noix muscade
Huile
Persil pour décorer
Sel, poivre

• Dans un saladier, battez les œufs avec le sel. Incorporez la farine, puis délayez avec le lait. Réservez 1 heure.
• Coupez le bout terreux des champignons. Nettoyez-les avec un linge humide. Si nécessaire, plongez-les dans de l'eau froide. Égouttez-les et séchez-les dans du papier absorbant. Coupez les plus gros en morceaux.
• Dans une sauteuse antiadhésive, faites sauter les champignons 3 minutes à sec. Égouttez-les et essuyez la poêle. Faites-les sauter à nouveau 5 minutes dans 20 g de beurre chaud, avec l'ail et le persil. Réservez-les.
• Faites fondre le reste du beurre dans une casserole. Ajoutez la farine et remuez pendant 1 minute. Incorporez progressivement le lait. Faites épaissir 5 minutes en recouvrant. Salez, poivrez et parfumez de noix muscade râpée. Mélangez avec les champignons.
• Préchauffez le four à 100 °C (th. 2). Chauffez une grande poêle antiadhésive huilée et faites-y cuire successivement 4 crêpes. Garnissez-les au fur et à mesure avec la sauce aux champignons. Réservez-les dans le four sur un plat couvert de papier d'aluminium, puis coupez chaque crêpe en deux et posez-les sur des assiettes. Décorez de persil et servez.

Salade de penne au saumon frais

15 min
10 min ✶

200 g de penne
200 g de pavé de saumon
200 g de concombre
1/2 citron
1/2 bouquet d'aneth
1 yaourt brassé
1 cuil. à soupe de crème fraîche épaisse
1 sachet de court-bouillon au vin blanc
1 cuil. à soupe d'huile
Sel, poivre

• Portez une grande casserole d'eau froide salée à ébullition. Versez-y les penne et laissez-les cuire selon les indications de l'emballage (10 minutes environ).
• Pendant ce temps, délayez le sachet de court-bouillon dans une casserole d'eau froide. Ajoutez le pavé de saumon et portez à ébullition. Laissez frémir 7 minutes.
• Rincez et essorez l'aneth. Hachez-le. Pelez le concombre et coupez-le en bâtonnets de la même taille que les penne. Dans un bol, battez le yaourt avec la crème fraîche, le jus de citron, du sel et du poivre. Incorporez l'aneth.
• Égouttez le poisson et laissez-le tiédir. Effleurez la surface du bout des doigts pour repérer et éliminer les éventuelles arêtes. Émiettez grossièrement la chair.
• Égouttez les pâtes. Arrosez-les d'eau glacée. Égouttez-les, mettez-les dans un saladier et mélangez-les aussitôt avec l'huile pour leur éviter de coller. Laissez-les tiédir.
• Ajoutez le saumon émietté et les bâtonnets de concombre aux pâtes. Arrosez avec la sauce à l'aneth et mélangez bien. Servez frais.

Carottes fondantes à la libanaise

15 min
20 min ✱✱

700 g de carottes
2 oranges
1 oignon
6 brins de coriandre
1 petit piment rouge frais
1/2 cube de concentré de bouillon de légumes
1 cuil. à café de miel liquide
1 cuil. à café de graines de coriandre
2 cuil. à soupe d'huile d'olive
Sel, poivre

• Épluchez les carottes et coupez-les en rondelles un peu épaisses (1 cm). Rincez et séchez une orange. Avec un couteau économe, prélevez un ruban d'écorce de 6 cm de long. Grattez la peau blanche amère sur l'envers, puis émincez-le.

• Pressez le jus des deux oranges. Versez-le dans une casserole. Ajoutez les rondelles de carotte, le zeste d'orange, le concentré de bouillon émietté, les graines de coriandre, le miel, du sel et du poivre. Versez de l'eau à peine à hauteur.

• Couvrez et portez à ébullition. Laissez mijoter 10 minutes, puis retirez le couvercle et poursuivez la cuisson environ 10 minutes, jusqu'à ce que les carottes soient tendres et le jus bien réduit.

• Fendez le piment et retirez les graines. Émincez-le. Pelez et hachez l'oignon. Rincez et séchez la coriandre. Hachez-la.

• Mettez les carottes dans un saladier et laissez-les tiédir 5 minutes. Ajoutez alors l'oignon, la coriandre, le piment et l'huile. Mélangez. Servez tiède ou frais.

Clafoutis de légumes au comté

20 min
55 min ✶

2 carottes
250 g de brocolis
100 g de petits pois surgelés
1 oignon
4 œufs
30 cl de lait
80 g de comté
25 g de beurre
125 g de farine
1/2 cuil. à café de thym sec
Sel, poivre

• Épluchez les carottes et coupez-les en rondelles épaisses. Rincez et égouttez les brocolis. Divisez-les en petits bouquets. Faites cuire les carottes et les brocolis ensemble à la vapeur, pendant environ 12 minutes.

• Pendant ce temps, pelez et hachez l'oignon. Râpez le comté. Dans un saladier, préparez la pâte à clafoutis : battez les œufs avec du sel et du poivre. Incorporez la farine, puis délayez avec le lait.

• Faites fondre l'oignon dans 10 g de beurre. Hors du feu, mélangez-le avec les légumes cuits à la vapeur, les petits pois encore gelés, la moitié du comté et le thym.

• Préchauffez le four à 180 °C (th. 5). Beurrez un plat à clafoutis ou à gratin. Garnissez-le avec les légumes. Versez la pâte à clafoutis dessus. Parsemez avec le reste du comté. Enfournez et laissez cuire environ 40 minutes. Servez chaud.

Burgers de volaille

20 min
6 min ✶

4 petits pains pour hamburgers
400 g de blanc de poulet
1 tomate
2 feuilles de laitue
4 tranches de fromage fondu allégé
4 cuil. à soupe de ketchup
1 gros cornichon malossol (au sel)
1 cuil. à soupe d'huile
Sel, poivre

• Préchauffez le four à 110 °C (th. 2). Rincez et séchez la tomate. Coupez-la en tranches fines. Rincez et essorez les feuilles de laitue. Coupez-les en lanières. Émincez le cornichon.
• Hachez le blanc de poulet au hachoir ou mettez-le dans le bol d'un robot et mixez rapidement, par brèves impulsions successives. Faites 4 portions égales et moulez-les entre vos mains pour leur donner la forme de steaks hachés ronds. Salez-les, poivrez-les.
• Placez les petits pains ouverts dans le four pendant 5 minutes pour les réchauffer. Dans une poêle antiadhésive, faites cuire les steaks de poulet pendant 3 minutes de chaque côté dans l'huile chaude.
• Étalez le ketchup à l'intérieur des petits pains. Garnissez avec les lanières de laitue, puis les rondelles de tomate, les steaks, les tranches de fromage et les lamelles de cornichon. Servez chaud.

Moules au curry doux

20 min
10 min ✶

2,5 l de moules (environ 2 kg)
1 oignon
2 cuil. à soupe de persil haché
15 g de beurre
15 cl de crème légère
1 cuil. à soupe de curry doux
1 cuil. à café rase de farine
Sel, poivre

• Grattez les moules et coupez les filaments qui dépassent de la coquille. Plongez-les dans un bain d'eau froide pour les rincer et éliminez celles qui flottent.
• Pelez et hachez l'oignon. Dans une grande cocotte, faites-le fondre dans le beurre chaud. Saupoudrez de curry et de farine et remuez pendant 30 secondes. Délayez avec 2 cuillerées à soupe d'eau.
• Versez les moules dans la cocotte. Salez légèrement et poivrez. Parsemez de persil et arrosez de crème. Couvrez et faites ouvrir les moules à feu vif pendant environ 5 minutes, en les remuant deux ou trois fois. Répartissez-les dans des mini-cocottes ou plus simplement dans des assiettes creuses.
Servez bien chaud.

Sauté de dinde aux agrumes, fondue de fenouil

20 min
20 min ✶

600 g de sauté de dinde
4 bulbes de fenouil
1 orange non traitée
1 citron non traité
12 olives noires
2 brins de thym
1 feuille de laurier
1 gousse d'ail
3 cuil. à soupe d'huile d'olive
Sel, poivre

• Rincez et séchez le citron et l'orange. Coupez-les en deux. Pressez le jus d'une moitié de chaque fruit et émincez les autres moitiés. Pelez l'ail, dégermez-le et émincez-le.

• Nettoyez les bulbes de fenouil. Recoupez le trognon et éliminez le feuillage. Coupez-les en 6 quartiers dans la hauteur. Plongez-les dans une casserole d'eau bouillante salée et laissez-les frémir 5 minutes. Égouttez-les.

• Salez et poivrez les morceaux de dinde. Dans une sauteuse antiadhésive, faites-les dorer 5 minutes dans l'huile chaude. Glissez au milieu les tranches de citron et d'orange. Ajoutez les quartiers de fenouil tout autour, les olives, l'ail, le thym et le laurier. Versez le jus des agrumes, couvrez et laissez cuire 20 minutes à feu très doux.

• Répartissez la viande et les quartiers de fenouil sur des assiettes. Nappez de jus et servez chaud.

Filet mignon de porc en cocotte, purée de carottes au cumin

25 min
25 min ✶✶

500 g de filet mignon de porc
600 g de carottes
8 oignons grelots
25 g de beurre
2 brins de thym
1 feuille de laurier
10 cl de bouillon de légumes corsé
1/2 cuil. à café de cumin moulu
2 cuil. à soupe d'huile d'olive
Sel, poivre

• Nettoyez les oignons grelots et coupez les racines. Plongez-les 3 minutes dans de l'eau bouillante salée. Égouttez-les.

• Salez et poivrez le filet mignon. Dans une sauteuse antiadhésive, faites-le dorer à feu moyen de toutes parts dans l'huile d'olive chaude. Ajoutez les oignons et remuez-les 1 minute.

• Versez le bouillon de légumes dans la sauteuse et ajoutez le thym et le laurier. Couvrez et laissez mijoter 15 minutes à feu doux.

• Pendant ce temps, épluchez les carottes et coupez-les en tronçons. Faites-les cuire 15 minutes environ à l'eau bouillante salée, jusqu'à ce qu'elles soient tendres. Égouttez-les et passez-les au moulin à légumes, grille fine. Assaisonnez la purée avec le beurre et le cumin. Goûtez et salez un peu au besoin.

• Posez le filet mignon sur une planche à découper et tranchez-le en médaillons. Posez-les sur des assiettes chaudes et ajoutez les oignons grelots. Nappez de jus de cuisson. Répartissez joliment la purée de carottes et servez chaud.

Pavés de thon grillés sauce créole

20 min
15 min ✶✶

1 tranche épaisse de thon (700 g)
2 tomates
1/2 concombre
2 citrons verts
4 ciboules
10 brins de persil plat
10 brins de ciboulette
1 petit piment vert ou rouge (facultatif)
1 gousse d'ail
200 g de riz basmati
1 cuil. à soupe de vinaigre de vin blanc
4 cuil. à soupe d'huile
Sel, poivre

• Nettoyez les ciboules et émincez-les, tige comprise. Rincez et séchez le persil et la ciboulette. Hachez-les. Épépinez le piment et hachez-le. Pressez le jus d'un citron vert.

• Pelez l'ail, dégermez-le et pressez-le dans un bol. Ajoutez du sel et du poivre, le jus du citron, le vinaigre, les ciboules, le piment, les herbes et 3 cuillerées à soupe d'huile. Mélangez et réservez au frais.

• Dans une casserole, portez 40 cl d'eau salée à ébullition. Ajoutez le riz et remuez 30 secondes. Baissez le feu au minimum, couvrez et laissez cuire environ 10 minutes, jusqu'à ce que les grains soient tendres et l'eau absorbée.

• Retirez la peau du thon. Séparez les pavés de chair de part et d'autre de l'arête centrale. Éliminez les parties noires. Essuyez les pavés de thon. Salez-les, poivrez-les.

• Rincez et séchez les tomates. Coupez-les en quartiers. Pelez le concombre, coupez-le en deux, éliminez les graines et émincez-le en bâtonnets.

• Huilez un gril en fonte et faites chauffer les pavés de thon 2 à 3 minutes de chaque côté. Posez-les sur des assiettes entourés de riz, de quartiers de tomate et de bâtonnets de concombre. Nappez de sauce créole et servez aussitôt avec des quartiers de citron vert.

Cuisses de poulet à l'orientale

20 min
+ 2 h de marinade
30 min ✶

4 cuisses de poulet
2 carottes
1 oignon
2 côtes de céleri
1 courgette
Le jus de 1 citron
20 g de beurre
2 sachets de graine à couscous précuite
100 g de pois chiches cuits
1 cuil. à soupe de raisins secs
1 cuil. à soupe bombée de ras el hanout (mélange d'épices marocain)
1 cuil. à soupe d'huile
1 bouquet garni
Herbes pour décorer
Sel, poivre

• Retirez la peau des cuisses de poulet. Faites quelques incisions dans la chair. Saupoudrez de ras el hanout et de sel. Arrosez du jus de citron et mélangez. Laissez mariner 2 heures en remuant deux fois.

• Pelez et émincez les carottes. Rincez la courgette et coupez-la en gros bâtonnets. Rincez les côtes de céleri et coupez-les en tronçons de 3 cm. Pelez et émincez l'oignon.

• Faites chauffer le beurre et l'huile dans une sauteuse. Ajoutez le poulet égoutté et l'oignon. Laissez dorer 5 minutes en remuant. Ajoutez les légumes, les raisins secs et le bouquet garni. Salez, poivrez. Versez de l'eau à mi-hauteur, couvrez aux trois quarts et laissez mijoter 25 minutes.

• Environ 10 minutes avant la fin de la cuisson, portez à ébullition une casserole d'eau salée. Éteignez le feu. Plongez les sachets de graine à couscous dans l'eau, couvrez et laissez gonfler 5 minutes. Ajoutez les pois chiches dans la sauteuse.

• Égouttez les sachets de couscous. Ouvrez-les et videz-les dans un plat. Avec une écumoire, récupérez les légumes et mélangez-les avec le couscous. Répartissez sur des assiettes, ajoutez le poulet et nappez d'un peu de jus de cuisson. Décorez d'herbes et servez chaud.

Tiramisu léger aux fraises

25 min
+ 1 h de réfrigération ✶

400 g de fraises
150 g de mascarpone
150 g de fromage blanc à 0 % de matière grasse
1 œuf entier + 2 blancs d'œufs
8 biscuits roses de Reims (ou 8 biscuits à la cuillère)
15 cl de jus de raisin rouge
2 cuil. à soupe de sucre en poudre
1 sachet de sucre vanillé
1 pincée de sel

- Rincez et séchez les fraises. Équeutez-les. Coupez-les en deux dans la hauteur.
- Cassez l'œuf et séparez le blanc du jaune. Mettez le jaune d'œuf dans un saladier, ajoutez le mascarpone, le sucre vanillé et le fromage blanc. Battez la préparation jusqu'à ce qu'elle soit souple et lisse.
- Montez les trois blancs d'œufs en neige dans un autre saladier avec le sel. Dès qu'ils sont assez fermes, incorporez le sucre en pluie en continuant de fouetter. Incorporez-les délicatement dans le mélange au mascarpone.
- Versez le jus de raisin dans une assiette creuse. Trempez rapidement les biscuits un à un dans le jus, sans les détremper. Rangez-les côte à côte dans le fond d'un plat. Versez dessus la moitié de la mousse au mascarpone. Disposez la moitié des demi-fraises, puis versez le reste de la mousse. Recouvrez avec le reste des fraises. Réservez 1 heure au réfrigérateur avant de servir.

Taboulé aux fruits frais

15 min
+ 1 h de réfrigération ✶

4 oranges
2 nectarines
150 g de fraises
1 citron
200 g de boulgour
6 abricots secs
2 cuil. à soupe de miel
30 g de pignons
2 brins de menthe

- Mettez le boulgour dans un saladier. Pressez le jus de 2 oranges et celui du citron. Versez-le sur le boulgour, ajoutez le miel et mélangez. Réservez au réfrigérateur et laissez gonfler pendant 1 heure.
- Épluchez 2 oranges à vif : tranchez l'écorce par larges bandes de haut en bas, en mettant la chair à nu. Détachez les quartiers en glissant la lame d'un couteau entre les fines peaux blanches qui les séparent.
- Réhydratez les abricots secs dans de l'eau tiède. Rincez et séchez les nectarines et les fraises. Équeutez les fraises. Coupez ces fruits en morceaux. Rincez et séchez la menthe. Effeuillez-la et ciselez-en la moitié.
- Dans une petite poêle antiadhésive, faites dorer les pignons 1 minute à sec.
- Aérez le boulgour à la fourchette. Mélangez-le avec tous les fruits et la menthe ciselée. Ajoutez au besoin un peu de jus d'orange s'il vous paraît sec. Répartissez-le sur des assiettes. Parsemez de pignons et décorez de feuilles de menthe entières. Servez frais.

Gelée de fruits rouges à la grenadine

20 min
+ 2 h de réfrigération
2 min ✶

200 g de fraises
125 g de mûres ou de myrtilles
125 g de framboises
4 grappillons de groseilles
1 blanc d'œuf
40 cl de jus de pomme
7 g de gélatine en feuilles
3 cuil. à soupe de sirop de grenadine
1 brin de menthe
3 cuil. à soupe de sucre cristallisé

• Faites ramollir la gélatine dans de l'eau froide. Rincez et séchez les fraises et les mûres (ou les myrtilles). Équeutez les fraises et coupez-les en quatre.
Si les framboises vous paraissent poussiéreuses, roulez-les délicatement dans un linge humide, mais ne les lavez pas. Rincez et essorez la menthe.

• Versez le jus de pomme dans une casserole et portez à ébullition. Hors du feu, ajoutez la gélatine bien égouttée entre vos mains et laissez-la se dissoudre. Ajoutez le sirop de grenadine. Laissez refroidir.

• Mélangez les fruits rouges préparés et répartissez-les dans des verres ou des coupes transparentes. Versez dessus la préparation au jus de pomme et laissez prendre 2 heures au réfrigérateur.

• Pendant ce temps, préparez les grappillons de groseilles : battez le blanc d'œuf 30 secondes dans un bol jusqu'à ce qu'il commence très légèrement à mousser. Trempez-y les grappillons un par un. Égouttez-les avant de les passer dans le sucre cristallisé. Posez-les sur une assiette et laissez-les sécher dans un endroit sec et frais.

• Au moment de servir, décorez les verres ou les coupes avec les grappillons de groseille et quelques feuilles de menthe.

Huîtres en gelée de chablis

30 min
+ 2 h de réfrigération
15 min ★★

40 huîtres de Marennes Oléron n° 2
2 tomates
1 petite carotte
2 échalotes
1/2 côte de céleri
4 brins d'aneth
1 brin de thym
20 cl de chablis
8 g de gélatine en feuille
Sel, poivre

• Épluchez la carotte et les échalotes. Effilez et rincez le céleri. Coupez-les en morceaux. Mettez-les dans une casserole, ajoutez 25 cl d'eau, le thym, du sel et du poivre. Portez à ébullition, couvrez et laissez frémir 10 minutes.
• Ouvrez les huîtres. Jetez l'eau en éliminant les petits débris de coquille. Patientez 5 minutes, le temps qu'une deuxième eau se forme. Versez-la dans un bol. Détachez les huîtres de leur coquille et mettez-les dans un plat.
• Brossez les coquilles d'huîtres sous un filet d'eau froide. Séchez-les. Faites ramollir la gélatine dans un bol d'eau froide. Pelez les tomates, épépinez-les et coupez-les en très petits dés.
• Filtrez le bouillon des légumes. Mélangez-le avec l'eau des huîtres et le vin. Versez dans une casserole et faites chauffer jusqu'à légère ébullition. Plongez-y 6 huîtres pendant 30 secondes, puis égouttez-les. Faites cuire le reste des huîtres de la même façon.
• Égouttez la gélatine et mettez-la dans le bouillon chaud.
• Replacez les huîtres dans leurs coquilles. Parsemez-les de dés de tomates et de plumets d'aneth. Couvrez de 1 cuillerée à soupe de bouillon. Rangez-les sur un plateau et faites prendre 2 heures au réfrigérateur.

Roulades de poivron au chèvre frais

25 min
+ 1 h de réfrigération
15 min ✶

6 gros poivrons rouges
200 g de courgette
3 échalotes
2 brins de basilic
650 g de chèvre frais
4 cuil. à soupe d'huile d'olive
Sel, poivre

• Placez les poivrons sous le gril du four et faites-les griller en les retournant régulièrement, jusqu'à ce que la peau noircisse et se boursoufle. Enfermez-les dans un sac en plastique et laissez-les suer 10 minutes.
• Rincez et séchez la courgette. Coupez-la en petits dés. Pelez les échalotes et hachez-les. Mettez ces légumes dans un saladier, ajoutez le chèvre frais et du poivre. Mélangez à la fourchette en ajoutant éventuellement 1 à 2 cuillerées à soupe d'eau si la préparation est trop épaisse. Goûtez et salez si nécessaire.
• Effeuillez la moitié du basilic. Hachez-le très finement et mélangez-le avec l'huile d'olive. Déballez les poivrons. Pelez-les du bout des doigts et coupez-les chacun en 4 bandes après avoir éliminé les graines.
• Sur une feuille de film étirable, posez 12 bandes de poivron, de façon à former un long rectangle. Déposez dessus la moitié de la farce au fromage. En vous aidant du film, roulez le tout en cylindre. Faites en un deuxième et réservez 1 h au réfrigérateur.
• Déballez les rouleaux de poivron. Tranchez-les en 8 tronçons et arrosez de quelques gouttes d'huile. Décorez de feuilles de basilic et servez frais.

Salade de bœuf à l'asiatique

25 min
2 min ✶

600 g de rumsteck en tranche épaisse
300 g de laitue iceberg en sachet
2 poivrons rouges
4 échalotes
1 bâton de citronnelle
2 brins de menthe
8 brins de coriandre
2 citrons verts
1 petit piment rouge frais
1 gousse d'ail
6 cuil. à soupe de sauce de poisson (nuoc-mâm)
1 cuil. à café de sucre en poudre
1 cuil. à soupe d'huile
Sel

• Pelez les échalotes et émincez-les. Retirez les feuilles dures de la citronnelle ; émincez seulement la partie tendre du bulbe (à peu près les premiers 8 cm). Salez le rumsteck. Faites-le griller sur un gril huilé et bien chaud, 1 minute de chaque côté. Coupez-le en fines lamelles. Mélangez-le avec les échalotes et la citronnelle. Réservez.

• Préparez la sauce : fendez le piment et retirez les graines. Hachez-le finement. Pelez l'ail, dégermez-le et pressez-le au-dessus d'un bol. Pressez les citrons et versez leur jus sur l'ail. Ajoutez le sucre, la sauce de poisson et le piment ; mélangez.

• Émincez la laitue en lanières assez fines. Rincez les poivrons, coupez-les en quartiers. Retirez les graines et les cloisons blanches, puis coupez-les en bâtonnets très fins.

• Rincez et séchez la coriandre et la menthe. Effeuillez-les. Mélangez-les avec la laitue, les poivrons et la sauce. Répartissez sur des assiettes et disposez la viande dessus. Servez frais.

Carpaccio de coquilles Saint-Jacques à l'huile vanillée

35 min ✶✶

24 coquilles Saint-Jacques
6 cuil. à soupe d'huile d'olive
1 gousse de vanille
1 cuil. à soupe de baies roses
Fleur de sel

• Plongez la gousse de vanille 2 minutes dans de l'eau très chaude. Égouttez-la. Fendez-la dans la longueur et grattez les graines avec une petite cuillère. Mélangez-les avec l'huile d'olive.

• Ouvrez les coquilles Saint-Jacques : placez-en une dans votre main, côté bombé dessous, puis glissez la lame d'un couteau entre les deux valves, près de la charnière, et coupez la noix en longeant la coquille la plus plate. Détachez les noix et éliminez les parties grises qui les entourent. Sur le côté des noix, coupez le petit muscle noir. Rincez-les rapidement sous l'eau froide et séchez-les dans du papier absorbant. Avec un couteau bien tranchant, coupez-les en trois ou quatre tranches dans l'épaisseur.

• Disposez les tranches de saint-jacques en rosace sur des assiettes. Badigeonnez-les au pinceau avec l'huile vanillée. Parsemez de fleur de sel et de baies roses. Servez bien frais.

Sauté de veau aux olives et au citron

⏲ 20 min
1h15 min ✶✶

1,400 kg d'épaule de veau
3 citrons non traités
3 oignons
150 g d'olives vertes cassées
2 feuilles de laurier
4 brins de thym frais
3 gousses d'ail
1 cuil. à café de miel
20 cl de vin blanc sec
4 cuil. à soupe d'huile d'olive
Sel, poivre

• Pelez et hachez les oignons. Plongez les olives 1 minute dans de l'eau bouillante. Pressez un citron. Rincez et séchez les deux autres, puis coupez-les en tranches fines. Pelez les gousses d'ail, coupez-les en deux et dégermez-les.

• Coupez l'épaule d'agneau en cubes de 4 cm de côté. Dans une grande cocotte, faites-les dorer dans l'huile chaude 5 minutes. Ajoutez les oignons et faites revenir 5 minutes supplémentaires. Salez très peu à cause des olives et poivrez.

• Ajoutez les olives, le vin, l'ail, le jus et les tranches de citron, le laurier, le thym et le miel. Laissez bouillir 2 minutes, puis couvrez et laissez mijoter 1 heure à feu très doux. Goûtez la sauce en fin de cuisson et ajoutez au besoin un peu de sel. Servez chaud avec, par exemple, des tomates à la provençale.

Daurades en croûte de sel

15 min
25 min ✱✱✱

2 daurades royales
de 1,5 kg
2 citrons
1 bouquet d'herbes
mélangées (persil, basilic,
coriandre, menthe)
4 feuilles de laurier
15 cl d'huile d'olive
4 à 5 kg de gros sel gris
Sel, poivre

• Demandez à votre poissonnier de préparer les daurades sans les écailler. Rincez-les et épongez-les avec du papier absorbant.

• Préchauffez le four à 240 °C (th. 8). Rincez et séchez l'un des citrons. Coupez-le en tranches. Salez et poivrez l'intérieur des daurades. Glissez-y les rondelles de citron et les feuilles de laurier.

• Étalez la moitié du gros sel en couche épaisse dans deux plats. Déposez les daurades et recouvrez-les complètement de sel. Enfournez et laissez cuire 25 à 30 minutes.

• Rincez et essorez les herbes. Hachez-les finement et mettez-les dans un bol. Ajoutez le jus du deuxième citron, du sel et du poivre ; mélangez pendant 30 secondes. Incorporez progressivement l'huile d'olive.

• Sortez les daurades du four et laissez-les reposer 10 minutes. Cassez la croûte de sel avec un marteau. Posez les poissons dans un plat. Retirez la peau et détachez les filets. Servez tiède avec la sauce aux herbes. Accompagnez d'une purée de carottes.

Pintade à la moutarde de Meaux

25 min
50 min ✶

2 pintades fermières coupées en morceaux
2 oignons
1 carotte
2 gousses d'ail
4 brins de thym
2 feuilles de romarin
15 cl de crème légère UHT à 15 % de matière grasse
1 cube de concentré de bouillon de légumes
6 cuil. à soupe de moutarde de Meaux
3 cuil. à soupe rases de farine
4 cuil. à soupe d'huile
Sel, poivre

- Épluchez la carotte et coupez-la en rondelles. Pelez l'ail, dégermez-le et pressez-le.
- Salez et poivrez les morceaux de pintade. Dans une poêle antiadhésive, faites dorer la moitié des morceaux dans 1 cuillerée à soupe d'huile. Réservez-les. Faites dorer le reste des morceaux de pintade de la même façon.
- Pelez et hachez les oignons. Dans une grande cocotte en fonte, faites-les fondre dans le reste d'huile. Ajoutez les morceaux de pintade et saupoudrez-les de farine. Mélangez 1 minute sur feu vif. Ajoutez la moutarde de Meaux et 35 cl d'eau. Mélangez de nouveau.
- Ajoutez la carotte, l'ail, le cube de bouillon émietté, le thym et le romarin. Couvrez et laissez mijoter 25 minutes.
- Versez la crème, puis rectifiez l'assaisonnement en sel et en poivre.
- Dressez les morceaux de pintade et la sauce dans un plat creux bien chaud. Servez aussitôt avec une purée de céleri.

Choucroute de la mer

30 min
45 min ✶✶

4 pavés de saumon
de 200 g chacun
8 médaillons de lotte
600 g de filet de haddock
1,7 kg de choucroute crue
1/2 bouquet d'aneth
4 échalotes
2 oignons émincés
15 g de beurre
2 sachets de court-bouillon
au vin blanc
35 cl de vin blanc sec
20 cl de crème liquide légère à
15 % de matière grasse
1 cuil. à soupe de baies
de genièvre
2 cuil. à soupe de saindoux
ou d'huile
1 cuil. à café de Maïzena
Sel, poivre

• Rincez la choucroute sous un filet d'eau froide et pressez-la entre vos mains pour en extraire le maximum d'humidité.
• Dans un autocuiseur, faites fondre les oignons dans le saindoux sans les laisser dorer. Ajoutez la choucroute, les baies de genièvre, 20 cl d'eau et 20 cl de vin blanc. Fermez hermétiquement et comptez 40 minutes de cuisson à partir du fonctionnement de la soupape.
• Hachez l'aneth. Pelez et hachez les échalotes, mettez-les dans une casserole avec le beurre et faites-les fondre 5 minutes. Versez le reste du vin et laissez frémir 5 minutes. Ajoutez la crème et la Maïzena délayée dans 1 cuillerée à soupe d'eau. Salez, poivrez. Faites épaissir 3 minutes à feu moyen en remuant. Incorporez l'aneth. Réservez au chaud dans un bain-marie.
• Coupez les pavés de saumon en deux et le filet de haddock en huit parts égales. Délayez le court-bouillon dans une marmite d'eau froide. Ajoutez le saumon, la lotte et le haddock. Portez lentement à ébullition et laissez frémir 5 à 7 minutes.
• Étalez la choucroute dans un grand plat chaud. Posez les morceaux de poisson égouttés dessus. Présentez la sauce à part en saucière.

Bourguignon aux épices douces et bouquet de petits légumes

25 min
3 h ✶

1,2 kg de paleron en morceaux
600 g de carottes nouvelles
600 g de petites pommes de terre à chair ferme
400 g de navets nouveaux
3 oignons
2 gousses d'ail
1 orange
1 bouteille de vin rouge corsé
2 cuil. à soupe de farine
5 cuil. à soupe d'huile d'olive
2 bâtons de cannelle
1 cuil. à soupe de baies de genièvre
2 clous de girofle
2 brins de romarin
Sel, poivre

- Rincez et séchez l'orange. Prélevez le zeste avec un couteau économe. Pelez et émincez les oignons et 200 g de carottes. Pelez les gousses d'ail et coupez-les en quatre.
- Coupez la viande en gros cubes. Dans une grande cocotte , faites-les revenir dans 3 cuillerées à soupe d'huile. Réservez-les.
- Dans la même cocotte, faites dorer les oignons et les carottes émincés dans le reste d'huile. Ajoutez la viande, saupoudrez de farine et remuez 1 minute. Salez, poivrez.
- Versez le vin et ajoutez le zeste, l'ail, la cannelle, le genièvre, les clous de girofle et le romarin. Mélangez bien. Couvrez et laissez mijoter à feu doux au moins 2 h 45, jusqu'à ce que la viande soit bien tendre.
- Environ 30 minutes avant la fin de la cuisson, épluchez le reste des carottes et les navets en gardant 2 cm de queues. Pelez les pommes de terre. Faites cuire ces légumes à la vapeur environ 20 minutes. Versez le bourguignon dans un plat chaud. Présentez les légumes à part.

Osso bucco de dinde à la gremolata

20 min
40 min ✶

1,7 kg d'osso bucco de dinde
3 oignons
4 gousses d'ail
1 côte de céleri
1/2 bouquet de persil plat
1 bouquet garni
Le zeste de 1 orange
Le zeste de 2 citrons
1 grosse boîte de tomates pelées
15 cl de vin blanc sec
5 cuil. à soupe d'huile d'olive
Sel, poivre

- Rincez le céleri et émincez-le. Pelez et émincez les oignons. Épluchez les gousses d'ail. Dégermez-les.
- Salez et poivrez les morceaux de dinde. Dans une cocotte, faites-les dorer dans 3 cuillerées à soupe d'huile. Réservez-les. À leur place, faites fondre les oignons dans le reste de l'huile.
- Remettez les morceaux de dinde dans la cocotte. Arrosez avec le vin et grattez le fond de la cocotte avec une cuillère en bois pour dissoudre les sucs de cuisson. Ajoutez le céleri, les tomates, 2 gousses d'ail et le bouquet garni. Couvrez aux trois quarts et laissez mijoter 30 minutes.
- Préparez la gremolata. Rincez et essorez le persil. Hachez-le avec les gousses d'ail restantes. Rincez et séchez les zestes de citron et d'orange. Grattez leur peau blanche amère sur l'envers et hachez-les finement. Mélangez le tout et salez légèrement.
- Répartissez l'osso bucco sur des assiettes, parsemez de gremolata et servez chaud.

Fin crumble pommes-poires

15 min
+ 30 min de réfrigération
40 min ✶

700 g de pommes
700 g de poires
200 g de farine
160 g de beurre bien froid
160 g de sucre roux
2 sachets de sucre vanillé
1 cuil. à café rase de cannelle moulue
2 pincées de sel

• Versez la farine, le sucre roux, la cannelle et le sel dans un saladier. Coupez le beurre en petits morceaux et ajoutez-le au centre. Mélangez rapidement du bout des doigts, sans pétrir, de façon à obtenir une semoule grossière. Réservez 30 minutes au réfrigérateur.

• Préchauffez le four à 210 °C (th. 6-7). Épluchez les pommes et les poires. Coupez-les en quatre et épépinez-les. Recoupez-les en dés. Étalez-les dans un plat rectangulaire de 25 x 30 cm et saupoudrez-les de sucre vanillé.

• Émiettez la pâte à crumble sur les fruits en couche fine et régulière. Enfournez et laissez cuire environ 35 minutes, jusqu'à ce que la surface soit bien dorée. Servez tiède ou à température ambiante.

Petits soufflés au cacao

20 min
20 min ✶

4 œufs entiers
2 blancs d'œufs
50 cl de lait écrémé
50 g de beurre + 20 g pour les moules
50 g de farine
3 cuil. à soupe de cacao
3 cuil. à soupe d'édulcorant en poudre
50 g de sucre en poudre
1 pincée de sel

• Préchauffez le four à 180 °C (th. 5). Cassez les œufs entiers et séparez les blancs des jaunes. Dans un saladier, fouettez les six blancs en neige avec le sel. Dès qu'ils sont bien mousseux, incorporez le sucre en pluie, sans cesser de fouetter.

• Faites fondre le beurre à feu doux dans une casserole. Ajoutez la farine et remuez pendant 30 secondes. Délayez progressivement avec le lait froid. Faites épaissir 5 à 7 minutes à feu moyen, sans cesser de remuer.

• Mélangez la crème encore chaude avec le cacao, l'édulcorant en poudre et les jaunes d'œufs, puis incorporez délicatement les blancs en neige.

• Beurrez 8 moules individuels à soufflés (ou des ramequins supportant la cuisson). Remplissez-les aux trois quarts seulement avec la crème au cacao. Enfournez et laissez cuire 15 minutes sans ouvrir la porte du four. Servez immédiatement.

Granité d'ananas à la verveine

20 min
+ 2 h de congélation
5 min ✶

2 ananas « par avion »
2 brins de verveine fraîche
15 cl d'eau minérale
100 g de sucre

• Épluchez les ananas : sur une planche en bois, coupez la base et le plumet de feuilles. Tranchez l'écorce par larges bandes, de haut en bas. Avec la pointe d'un couteau, extrayez les « yeux ». Coupez les ananas en quatre dans la longueur et éliminez le cœur fibreux.
• Rincez et séchez la verveine. Effeuillez-la et hachez-la. Versez l'eau minérale et le sucre dans une casserole. Portez lentement à ébullition et laissez frémir 3 minutes. Ajoutez la verveine, couvrez et laissez infuser 5 minutes.
• Coupez la chair de l'ananas en gros cubes. Mettez-les dans le bol d'un robot et ajoutez le sirop à la verveine. Mixez finement (procédez en deux fois si le bol du robot n'est pas assez grand).
• Versez la purée d'ananas dans un ou deux grands plats sur 3 cm d'épaisseur au maximum. Faites prendre en glace 30 minutes au congélateur. Avec une fourchette, grattez les paillettes de glace qui se forment sur les bords en les ramenant vers le centre. Replacez au congélateur pour 30 minutes. Répétez l'opération trois fois.
• Aérez une dernière fois le granité à la fourchette et répartissez-le dans des verres rafraîchis. Servez aussitôt.

Index

Dans la même collection...

Cuisine marocaine

Cuisine chinoise

Cuisine petit prix

Cuisine italienne

Cuisine créole

Les desserts

Les gâteaux

Les plats uniques

Les poissons

Les pâtes

Recettes minute

À paraître...

Les salades

Les barbecues

Cuisine de fête

Les buffets

Crédits photographiques

Toutes les photos de recettes sont de Pierre-Louis Viel,
sauf p. 4 : Banana Stock Ltd

Photo de couverture : Jean Bono, stylisme : Sophie Dwernicki

'Cannelonis' de saumon fumé + chèvre frais
jambon serrano + ricotta aux
herbes
& olive oil c̄ chopped herbs.

Éditions Solar
Direction littéraire : Corinne Césano
Secrétaire éditoriale : Delphine Depras
Collaboration éditoriale : Aurélia Cimelière
Maquette et réalisation : GRAPH'M
Conception de la couverture : Guylaine Moi
www.solar.tm.fr

Éditions Cuisine Actuelle
Direction éditoriale : Maryse Bonnet
Direction des coéditions : Dominique Fleurmont, Pierre-Olivier Bonfillon
www.aboshop.cuisineactuelle.fr

ISBN : 978-2-263-04019-1
Code éditeur : S04019
Dépôt légal : mars 2007
Imprimé par Mateu Cromo, Espagne